Renate Reisch

Aufsteigen ... Business English 1

Handelskorrespondenz

So schaffst du die
2. Klasse HAS/3. Klasse HAK

G&D

Entspricht dem Level des Europäischen Referenzrahmens für Sprachen A2/B1

www.lernfit.at

ISBN 978-3-7074-1150-8

In der neuen Rechtschreibung 2006

1. Auflage 2009 (1,00)

Printed in Europe

Aufsteigen … Business English 1

Handelskorrespondenz

LÖSUNGSHEFT

Übung Seite 8/9

Thank you for
Could you possibly let me know ...
Enclosed you will find
May I call you tomorrow to discuss this topic?
Should you be able to ...
Payment should be made by ...
We would like to know ...

Fitness Test Seite 15/16

a) Dear Ms. Klein:/Truly yours, oder Sincerely yours,
Dear Sir or Madam/Yours faithfully
Dear Sarah (eine Freundin)/Yours
Dear Mr. Shaw:/Truly yours, oder Sincerely yours,
Dear Mrs Wilkins/Yours sincerely

b) March 2, 2008
2 March, 2007
January 12, 2008
22 February, 2007
May 30, 2009

c)

Britisches Layout	Amerikanisches Layout
1. Briefkopf (letterhead)	1. Briefkopf (letterhead)
2. Bezugszeile (reference line)	2. Datum (date)
3. Datum (date)	3. Empfängeradresse (inside address)
4. Empfängeradresse (inside address)	4. Betreffzeile (subject line)
5. Anrede (salutation)	5. Anrede (salutation)
6. Betreffzeile (subject line)	6. Brieftext (body of the letter)
7. Brieftext (body of the letter)	7. Schlussformel/Grußformel (complimentary close)
8. Schlussformel/Grußformel (complimentary close)	8. Unterschrift, Name, Position (signature, name, position)
9. Unterschrift, Name, Position (signature, name, position)	9. Anlagen (enclosures)
10. Anlagen (enclosures)	10. Bezugszeile (reference line)

d) Die Bestandteile dieses Briefes sind durcheinandergeraten. Ordnen Sie sie richtig.

MountainHigh GesmbH, Vöslauerstraße 47, 2500 Baden, Austria

September 20, 2008

Ms. Wight
Sports4U
78 Friedman Drive
Miami, FL 67309
U.S.A.

Your order No. 896 FH of September 12

Dear Ms. Wight:

Thank you for the above mentioned order. We are sorry to tell you that we no longer produce tent "Bear". We can, however, let you have tent "Cougar" as a substitute.
You will find it on page 45 in the enclosed catalogue.
Could you please let us know if this tent would be acceptable?
We are looking forward to hearing from you.

Sincerely yours,

Gerald König
Gerald König
Export Section

Enc: Catalogue

GK: of

Fitness Test Seite 23

a) We have seen your advertisement in the newspaper ...
Last week we saw your stand at the trade fair in Munich
Your firm was recommended to us by a business partner
With reference to the conversation with Ms Spiegel

b) We are a well established firm/company/enterprise
We are a leading company in the ... branch
We are a young and expanding company/firm/enterprise
We have numerous customers in Austria as well as in other EU countries
We have excellent business contacts at home and abroad
We are a small/middle-sized/large business selling/producing ....

c) We were impressed by your stand at the Sports Fair in Munich.
We would like to include your ... in our range.
There is a growing demand for such items in our country.
Due to a heavy demand for ....
If the quality of your products meet our expectations we shall let you have a trial order.

d) would like / rent / for / grateful / provide / price list.

Fitness Test Seite 35/36

a) enquiry/inquiry; In reply to; we are pleased to enclose; we have a wide range of; of a high standard; are also available; is carried out free of charge; for all orders more than; CIF prices

b) we have a wide range of; in reply to; of a high standard; are available; Our terms are; should be made

c) reply to; to enclose; for; introductory; on; of; in; enclosed

Fitness Test Seite 46

a) would like to order; by; the latest; Thank you for; of; are; to place; with; following; confirm; by; an order for; immediate;

b) Thank you for your offer of ... Please find enclosed our order no ....
After having carefully studied your catalogue we would like to order the following goods.
Referring to your advertisement in the newspaper ... we would ask for immediate delivery of ....
We refer to your offer of ... and would like to ask you to send us the undermentioned goods.

c) 1c; 2a; 3b

Fitness Test Seite 52

a) refer; for; dispatched; arrive

b) 1c; 2a 3d; 4e; 5b

c) Thank you for your order no 76-RT. We regret to inform you that the goods ordered are out of stock and that delivery can only be made in three weeks´ time.

Inhalt

Symbolerklärung

Ü

Am Ende jedes Kapitels gibt es einen Fitness Test. Einige Übungen können im Buch erledigt werden (Ausfüllen von Lückentexten), für andere Übungen ist es ratsam, sich ein kleines Übungsheft anzulegen. Im beigelegten Lösungsheft sind die Lösungen nach der Seitenzahl geordnet.

In einem solchen Kästchen finden Sie **wichtige Kurzinformationen** und **nützliche Tipps** zum jeweiligen Thema.

1. Wichtiges zu Beginn

Liebe Schülerin, lieber Schüler,
liebe Leserin, lieber Leser!

Sie halten hier ein Lernhilfebuch in Händen, das in erster Linie für Schülerinnen und Schüler von Handelsakademien und Handelsschulen konzipiert ist, aber auch Leserinnen und Lesern, die ihr Korrespondenz-Englisch auffrischen müssen, helfen kann.
Das vorliegende Werk wird Sie dabei unterstützen, die Schwierigkeiten der englischen Business-Korrespondenz zu meistern. Wenn Sie dieses Buch durchgearbeitet haben, werden Sie als Schülerin/Schüler nie mehr bei einer Schularbeit verzweifeln, weil Ihnen die richtigen Formulierungen nicht einfallen wollen. Als Schülerin/Schüler, aber auch als Berufstätige werden Sie in der Lage sein, zu jedem Standardgeschäftsfall den richtigen Brief, das richtige Fax oder das richtige E-Mail zu schreiben – sehr zur Freude Ihrer Lehrerinnen und Lehrer und Ihrer (zukünftigen) Vorgesetzten.

Das Buch ist so aufgebaut, dass es zu den Standardgeschäftsfällen:
Enquiries, Offers und **Orders** hilfreiche und unkomplizierte Formulierungsbausteine anbietet. Mit diesem Grundstock an Textbausteinen können alle solchen Geschäftsbriefe geschrieben werden.
Des Weiteren beinhaltet jedes Kapitel Beispielbriefe und Übungen bzw. so genannte „Fitness Tests“. Im beigelegten Lösungsheft können Sie überprüfen, wie gut Sie Ihre Sache gemacht haben.
Da das Buch im Aufbau dem Business-English-Unterricht an Handelsschulen (2. HAS) und Handelsakademien (3. HAK) folgt, ist es sinnvoll, die Kapitel der Reihe nach zu bearbeiten. Dabei werden Sie bemerken, dass es Formulierungen gibt, die immer wieder auftauchen und durch das ständige Lesen ganz von selbst in Ihren Wortschatz übergehen. Wenn Sie das Prinzip des Korrespondenz-Englisch einmal durchschaut haben, ist die ganze Sache gar nicht mehr schwer!

Viel Spaß dabei wünscht Ihnen

Mag. Renate Reisch

2. Rund um den Geschäftsbrief

2.1 Grundsätzliches

Der Inhalt eines englischsprachigen Geschäftsbriefes sollte am besten in kurzen und prägnanten Sätzen dargestellt werden. **Beachten Sie bitte stets, dass im Englischen besonderer Wert auf höfliche Umgangsformen gelegt wird!** Daher sollten Sie sich, liebe Schülerin, lieber Schüler, liebe Leserin, lieber Leser, in der schriftlichen Korrespondenz stets bedanken, Bitten höflich vorbringen, zum Beispiel mit einer Formulierung wie *We would be grateful, if …* und sich für vorgekommene Fehler entschuldigen. Merken Sie sich vielleicht gleich das Wörtchen ***may***. Es ist wesentlich höflicher als *can* oder *could* und macht insbesondere in Anfragen einen guten Eindruck: *"May I call you tomorrow?"* Auch unangenehme Aufforderungen werden dadurch entschärft: *"May we draw your attention to the fact that our invoice No. 231 has not been paid yet?"* (Dürfen wir Sie darauf aufmerksam machen, dass die Rechnung Nr. 231 noch nicht beglichen wurde?) Das Wort *should* drückt ebenfalls Höflichkeit aus und kann ein sehr direktes und plumpes *must* ersetzen: *"Payment should be made by 24 April 2009"* statt *"Payment must be made …"*.

In der Business-Korrespondenz sind Kurzformen wie *I'll, you're, they've, isn't, can't, couldn't, wouldn't* usw. unbedingt zu vermeiden, denn diese gehören zur Umgangssprache, welche im englischen Schriftverkehr nicht verwendet wird. Schreiben Sie stattdessen immer *I will, you are, they have, is not, cannot, could not* oder *would not.*
Es ist auch wichtig zu wissen, dass sich ein englischer Leser vor den Kopf gestoßen fühlt, wenn Sie Ihr Anliegen in allzu deutlicher und direkter Form äußern. Ein *we need* (wir benötigen) oder *we want* (wir möchten) würde auf ihn außerordentlich unhöflich wirken. Verwenden Sie daher stattdessen den Konjunktiv (Möglichkeitsform) und/oder standardisierte Formulierungen wie z. B. *"We would like to ask you to …"* (Wir bitten Sie, …) oder *"Please provide us with …"* (Bitte senden Sie uns …).

Benutzen Sie, wann immer möglich, das Passiv. Diese Technik bietet die Möglichkeit, in angemessenem Stil im Namen der Firma zu sprechen, z. B.: *"Your order is being processed"* (Ihre Bestellung wird bearbeitet) anstelle von *"Someone is processing your order"* (Jemand bearbeitet Ihren Auftrag). Dieser so genannte „indirekte Stil" lässt sich besonders gut bei Reklamationen verwenden: *"A mistake has been made in our order"* (In unserer Bestellung wurde ein Fehler festgestellt) klingt viel höflicher als das plumpe *„You have made a mistake in our order."*

Wichtiges auf einen Blick:

- Ein Geschäftsbrief muss vor allem einfach sein. Bitte achten Sie deshalb auf verständliche und kurze Sätze.
- Seien Sie höflich und elegant in Ihren Formulierungen, vermeiden Sie unbedingt jegliche Art von plumper Direktheit.
- Verwenden Sie keine Kurzformen.
- Benutzen Sie den Konjunktiv (would, should, could, may, might), das macht Ihren Stil eleganter.
- Benutzen Sie das Passiv häufiger als im normalen Englisch.

2.2 Formeller und informeller Stil

In der Schule passiert – außer dass Sie vielleicht eine schlechtere Note bekommen – nicht viel, wenn Sie einen englischen Geschäftsbrief nicht korrekt verfassen. Später jedoch, im Beruf, sind die Briefe, die Sie schreiben, das Aushängeschild Ihrer Firma. Wenn die Briefe oder E-Mails, die Sie an Kunden oder Geschäftspartner schreiben, vor Fehlern strotzen oder unhöflich oder zu lässig formuliert sind, wirft dies ein sehr schlechtes Licht auf Ihre Firma und natürlich auch auf Sie selbst.
Daher ist es gut zu wissen, was man wem wie schreiben kann.

Der Standardstil (auch formeller Stil genannt)
Je weniger Sie den Empfänger kennen, desto formeller sollte Ihr Stil sein, z. B. Sie wenden sich an eine Firma und wissen nicht, wer Ihren Brief/Ihr E-Mail beantworten wird. Oder Ihr Ansprechpartner ist ein Kunde oder Geschäftspartner.
In solchen Fällen verwendet man standardisierte Gruß- und Schlussformulierungen, einen einfachen, sachlichen und freundlich-höflichen Stil, häufig im Passiv. Kurzformen mit Apostroph sind nicht erlaubt.

Informeller Stil
Wird verwendet für die schriftliche Kommunikation mit Arbeitskollegen (meist per E-Mail) und private Korrespondenz (Brief oder E-Mail). Diese Briefe/Mails/Faxe können Sie in Ihrem eigenen persönlichen Stil schreiben.

In der englischen Business-Korrespondenz wird üblicherweise der Standardstil verwendet.

Die folgende Gegenüberstellung gibt Ihnen einen kurzen Überblick über formelle und informelle Formulierungen.

Formell	**Informell**
Längere Sätze	Kurzsätze
Formeller Ton	Persönlicher/herzlicher Ton
Volle Verbformen (z. B.: do not)	Verkürzte Verbformen (z. B.: don´t)
Standardphrasen	Keine spezifischen Phrasen
Passiv (passive voice)	Aktive Verben
Niemals Slang oder Umgangssprache	Slang/Umgangssprache möglich

Beispiele:

Formell		**Informell**
In reference to your letter of …	Vielen Dank für Ihren Brief vom/Bezug nehmend auf Ihren Brief vom …	Thanks for your letter of …
at your earliest conveni-ence	so bald als möglich	as soon as you can
We are looking forward to receiving your prompt reply.	Wir hoffen, bald von Ihnen zu hören./In Erwartung Ihrer baldigen Antwort.	Hoping to hear from you soon.
I apologize for the delay in writing.	Ich entschuldige mich für die verspätete Antwort.	Sorry I haven´t written ear-lier.
I am/we are very grateful to you.	Vielen herzlichen Dank.	Thanks a lot.
We would like to know …	Bitte teilen Sie uns mit …	Please tell me …
We wish to inform you….	Wir informieren Sie über …	I just want to let you know…

Ü **Wählen Sie bitte den besten Ausdruck für einen Geschäftsbrief:**

- ○ Dear Ms Wight:
  Thank you for/Thanks for/I´m writing to thank you for
- ○ Can you/Will you/Could you possibly let me know …
- ○ Enclosed you will find/I´m sending you/You´ll get …

- Let´s speak about it tomorrow/May I call you tomorrow to discuss this topic?
- If you are able to .../Should you be able to ...
- Payment must be made by .../Payment should be made by ...
- Can you tell us if .../We would like to know .../Please tell us ...

2.3 Bestandteile eines Geschäftsbriefes (britisches Layout)

Ein englischer Geschäftsbrief (britisches Layout) besteht aus folgenden Elementen:

1) Briefkopf = die Adresse des Absenders (letterhead)

Wenn Sie für eine Firma arbeiten, verwenden Sie normalerweise das Firmenbriefpapier. Daher ist es unnötig, die eigene Adresse zu schreiben. In der Schule wird Ihnen die Absenderadresse wahrscheinlich vom Lehrer vorgegeben oder Sie müssen sie selbst erfinden.

2) Bezugszeile (reference line, reference initials)

Hier werden die eigenen Geschäftszeichen und die des Empfängers angegeben, z. B.:
Our ref: RS/jk; Your ref: TI/po

3) Datum (date)

Empfehlenswert ist die Schreibweise Tag (als Zahl), dann Monat (ausgeschrieben) und Jahr (als Zahl) z. B.: *24 May 2009*. Bei dieser Schreibweise kommt es zu keinen Missverständnissen bezüglich des Monats, da die Amerikaner den Monat vor dem Tag schreiben. (Amerikanisches Englisch: *May 24, 2009*)

4) Empfängeradresse (inside address)

Anders als im Deutschen wird die Hausnummer **vor** dem Straßennamen geschrieben, z. B.: *24 London Road oder 3 Bennet Street.*

Wenn Ihr Brief eine bestimmte Person oder eine bestimmte Abteilung erreichen soll, schreiben Sie: *Attention: Mr P. Thomas* oder *Attention: Sales Department* oder *Attn: Accounts Department*. Das bedeutet „Zu Handen von ...“

C/o bedeutet, dass die Person, an die Sie schreiben, nur vorübergehend an dieser Adresse erreichbar ist.
Z. B.: *Ms. Amanda Lawrence*
c/o Maxwell Laboratories

Ist die Empfängeradresse in Großbritannien, so kommt nach der Straße der Ort und darunter oder daneben die Postleitzahl. Darunter steht das Land.

Bath Language Centre *5 London Road* *Bath BA1 2QQ* *England*	oder	*Lincoln Cargo Ltd* *56 West Docks Road* *London* *E1 8HJ* *England*

Ist die Empfängeradresse in den USA, benötigen Sie die Abkürzungen der Bundesstaaten. Sie sind gleich hier angeführt:

AL = Alabama	IL = Illinois	MT = Montana	RI = Rhode Island
AK = Alaska	IN = Indiana	NE = Nebraska	SC = South Carolina
AZ = Arizona	IA = Iowa	NV = Nevada	SD = South Dakota
AR = Arkansas	KS = Kansas	NH = New Hampshire	TN = Tennessee
CA = California	KY = Kentucky	NJ = New Jersey	TX = Texas
CO = Colorado	LA = Louisiana	NM = New Mexico	UT = Utah
CT = Connecticut	ME = Maine	NY = New York	VT = Vermont
DE = Delaware	MD = Maryland	NC = North Carolina	VA = Virginia
FL = Florida	MA = Massachusetts	ND = North Dakota	WA = Washington
GA = Georgia	MI = Michigan	OH = Ohio	WV = West Virginia
HI = Hawaii	MN = Minnesota	OK = Oklahoma	WI = Wisconsin
ID = Idaho	MS = Mississippi	OR = Oregon	WY = Wyoming
	MO = Missouri	PA = Pennsylvania	

Eine amerikanische Adresse sieht also folgendermaßen aus:

United Cars Inc. *76 Lincoln Boulevard* *Boston, MA 53731* *U.S.A.*	oder	*Ms. Mary Grimes* *894 Ocean Boulevard* *Los Angeles, CA 62371* *U.S.A.*

5) Anrede (salutation)

Dear Sir or Madam, Dear Sir/Madam	Sehr geehrte Damen und Herren
(Dear) Ladies and Gentlemen:	Sehr geehrte Damen und Herren (amerikanisch)
Dear Ms Smith	Sehr geehrte Frau … (moderne Form)
Dear Mrs Smith	Sehr geehrte Frau … (verheiratet)
Dear Mr Brown	Sehr geehrter Herr …
Dear Customer	Liebe Kundin, lieber Kunde

6) Betreffzeile (subject line)

Betreffzeilen sollen leserfreundlich sein, sodass auf den ersten Blick erkennbar ist, worum es in diesem Schreiben geht. Die Betreffzeile wird oft fett gesetzt oder unterstrichen.

7) Brieftext = der eigentliche Brief (body of the letter)

Der Brieftext (body of the letter) hat immer drei wichtige Bestandteile, auch wenn es ein sehr kurzer Brief ist. Das erste Wort nach der Anrede wird ausnahmslos groß geschrieben.

Der Brieftext besteht aus:
- Einleitungssatz (opening sentence)
- Haupttext (text)
- Schlusssatz (closing sentence)

8) Schlussformel/Grußformel (complimentary close)

Yours sincerely	bei Anreden mit Namen (britisches Englisch)
Yours faithfully	bei Anreden ohne Namen (britisches Englisch)
Sincerely yours,/yours truly,	bei Anreden mit und ohne Namen (amerikanisch)
Kind regards	Bei Anreden mit Namen, wenn man schon des Öfteren miteinander zu tun hatte

9) Unterschrift, Name, Position (signature, name, position)

Da manche Unterschriften nicht gut lesbar sind, tippt man darunter den Namen und die Position in der Firma bzw. Abteilung. *pp* oder *p.p.* vor dem Namen heißt „in Vertretung von ...", z. B.:

Susan Smith
p.p. Charles Clarke
International Sales Manager

Susan Smith hat also für Charles Clarke diesen Brief unterzeichnet.

10) Anlagen (enclosures)

Wenn Sie dem Brief eine Anlage (enclosure) beilegen, zeigen Sie dies mit *Enc:* oder *Encl:*, Mehrzahl *Encs:* an.

Schicken Sie noch an andere Personen Kopien Ihres Briefes, so zeigen Sie dies hier mit *Copies:* oder *c.c.:* oder *cc:* an.

Die linksbündige Schreibweise ist modern und übersichtlich und wird zunehmend häufig verwendet.

Musterbrief
britisches Layout

Langualis Language Centre 45 Thomson Avenue London MX2B 3RB Great Britain Phone +441225 565 589 Fax +44 1225 478 906	**1. Briefkopf**
Our ref: PS Your ref: HM	**2. Bezugszeile**
18 May 2009	**3. Datum**
Hans Meister Meiereistraße 32 A-8530 Deutschlandsberg Austria	**4. Empfänger-adresse**
Dear Mr Meister	**5. Anrede**
Your inquiry of 16 May	**6. Betreffzeile**
Thank you for your e-mail. We are pleased that you contacted us, as we are sure we can provide that type of intensive Business English course you are looking for. We are happy to enclose our full colour information pack with all the details you require. As you will see on page 56 of our catalogue there are two business courses that perfectly meet your expectations and we are convinced that you will enjoy our school. Please do not hesitate to contact us if you have any further questions. We look forward to hearing from you soon.	**7. Brieftext**
Yours sincerely	**8. Schlussformel**
Peter Scott Peter Scott Principal	**9. Unterschrift, Name, Position**
Enc: Information pack	**10. Anlagen**

2.4 Amerikanisches Layout

Das amerikanische Layout unterscheidet sich nur in einigen wenigen Bereichen vom britischen Layout.

- Das Datum beginnt mit dem Monat (ausgeschrieben), dann Tag, Beistrich, Jahr.
- Die Anrede wird mit einem Doppelpunkt abgeschlossen. Nach *Mr.* bzw. *Mrs.* wird ein Punkt gesetzt.
- Die Anrede lautet : *(Dear) Ladies and Gentlemen:* oder *Dear Sir or Madam:* oder *Dear Mr. Johnson:/Dear Mrs. Schrantz:.*
- Die Betreffzeile steht **vor** der Anrede.
- Die Schlussformel/Grußformel endet mit einem Beistrich.
- Die Schlussformel/Grußformel lautet entweder: *Sincerely,/Sincerely yours, oder Truly yours,/Yours truly*, bei Anreden mit und ohne Namen
- Die Bezugszeile *(HG:fg)* befindet sich am Ende des Briefes.

Musterbrief
amerikanisches Layout

Office Texx Ltd.
17 Creston Drive
Forest Hill, MD 34671
U.S.A.

September 23, 2008

Mrs. Doreen Andrews
Creative@More
78 Kingston Road
Dallas, TX 78610
U.S.A.

Your catalogue

Dear Mrs. Andrews:

Thank you for sending us your product catalogue.
The products listed in the catalogue meet our expectations. Please allow us a few days to discuss our intended order in the respective department.

You will hear from us as soon as possible.

Sincerely yours,

Sarah Stephens
Sarah Stephens
Purchasing Director

SS:fg

2.5 Faxe und E-Mails

Der große Vorteil von Faxen und E-Mails liegt darin, dass sie eine einfache und vor allem schnelle Kommunikation mit einem oder mehreren Empfängern ermöglichen. Obwohl Faxe und E-Mails meist kürzer und weniger formell gehalten sind als Briefe, sollten sie dennoch gut und höflich formuliert sein, vor allem wenn Sie an Kunden und Geschäftspartner schreiben.
Die meisten Textsorten können sowohl als Brief als auch elektronisch als Mail verschickt werden. Sie können also durchaus auch formellere Botschaften als E-Mail versenden.

Alle Standardformulierungen für Briefe können daher auch für Faxe und E-Mails verwendet werden.
Hier einige Ratschläge, wie Sie ein Fax oder ein E-Mail optimal formulieren:

- Geben Sie einen möglichst aussagekräftigen Betreff (subject line) an, damit der Empfänger sich schnell einen Überblick verschaffen kann.
- Verwenden Sie auch in E-Mails eine angemessene Form der Anrede.
- Geschäftliche E-Mails benötigen genauso viel Sorgfalt wie ein Geschäftsbrief.
- Verwenden Sie Abkürzungen sparsam und nur in Fällen, wo Sie sicher wissen, dass der Empfänger diese kennt und versteht. Die sonst so beliebten Smilies und andere gängige Kurzzeichen sind in geschäftlichen E-Mails absolut tabu.

Smilies und andere lockere Kurzzeichen wie z. B. FYI (for your information) oder U (You) oder AFAIC (as far as I am concerned) sind in geschäftlichen E-Mails tabu.

Muster E-Mail
amerikanisches Layout

From: bridge@computrack.com
To: huber@serviceline.at
Subject: meeting next week

Dear Mr. Huber:

Thank you for your e-mail. I would like to confirm that I will be available to see you at your office in Vienna on Thursday, November 13, at 1:00 p.m.

Sincerely yours,

Sarah Bridge

Sarah Bridge
Purchasing Manager, Computrack
547 Fifth Avenue
New York
NY 10036
Tel.: 212 (0) 2234689
Fax: 212 (0) 2234509
www.computrack.com

Ü

2.6 Fitness Test

a) Finden Sie bitte die passenden Gegenstücke:

Dear Ms. Klein:	Yours sincerely
Dear Sir or Madam	Yours
Dear Sarah (eine Freundin)	Truly yours,
Dear Mr. Shaw:	Yours faithfully
Dear Mrs Wilkins	Sincerely yours,

b) Schreiben Sie bitte das richtige Datum:

02.03.2008 in amerikanischem Layout ________________

The second of March 2007 in britischem Layout ________________

Jan.12th, 2008 in amerikanischem Layout ________________

2/22/2007 in britischem Layout ________________

5/30/2009 in amerikanischem Layout ________________

c) Nennen Sie die zehn Bestandteile eines Geschäftsbriefes in der richtigen Reihenfolge:

Britisches Layout	Amerikanisches Layout
1.	1.
2.	2.
3.	3.
4.	4.
5.	5.
6.	6.
7.	7.
8.	8.
9.	9.
10.	10.

d) Die Bestandteile dieses Briefes sind durcheinander geraten. Ordnen Sie sie richtig in Form eines Briefes.

- Your order No. 896 FH of September 12
- Dear Ms. Wight:
- We are looking forward to hearing from you.
- September 20, 2008
- We are sorry to tell you that we no longer produce tent "Bear". We can, however, let you have tent "Cougar" as a substitute. You will find it on page 12 in the enclosed catalogue. Could you please let us know if this tent would be acceptable?
- Thank you for the above mentioned order.
- Gerald König
- GK: of
- Sincerely yours,
- Export Section
- Enc: Catalogue
- MountainHigh GesmbH
  Vöslauerstraße 47
  2500 Baden
  Austria
- *Gerald König*
- Ms. Wight
  Sports4U
  78 Friedman Drive
  Miami, FL 67309
  U.S.A.

3. Anfragen
Enquiries/Inquiries

Eine Anfrage beinhaltet immer folgende Elemente:

- Den Bezug auf eine Annonce, auf eine Website, auf das Angebot einer Firma, auf die Empfehlung eines Geschäftspartners, auf eine Handelsmesse ...
- Kurzbeschreibung des eigenen Unternehmens und Zweck der Anfrage
- Auflistung jener Unterlagen und/oder Informationen, die benötigt werden
- Einen Schlusssatz, in dem man darauf hinweist, dass man auf prompte Antwort hofft.

Anfragen werden üblicherweise nach Katalogen, Preislisten, Mustern, Werbematerial, einem Preisangebot oder, im Tourismus, nach einem freien Zimmer, Unterkünften oder Informationsmaterial gestellt. In einer Anfrage (enquiry oder inquiry) sollte das Anliegen klar und verständlich formuliert sein.

3.1 Hilfreiche Phrasen

Mit diesen Standardphrasen können Sie jede Anfrage schreiben.

Wir sahen Ihre Anzeige in der Ausgabe dieser Woche von "Newsweek".	We saw your advertisement in this week´s edition of "Newsweek".
Ihre Artikel sind uns von Herrn Heinze empfohlen worden.	Your articles have been recommended to us by Mr Heinze.
Wir haben erfahren, dass Sie Hersteller von ... sind.	We have learned that you are a manufacturer of ...
Wir trafen Ihren Vertreter auf der Münchner Messe.	We met your representative at the Munich Fair.
Wir verdanken Ihre Adresse einem gemeinsamen Geschäftsfreund.	We owe your address to a mutual business friend.
Wir haben Ihrer Anzeige im Economist entnommen ...	We have learned from your advertisement in the Economist that ...
Wir sind ein junges, aufstrebendes Unternehmen, das sich auf ... spezialisiert hat.	We are a young, growing firm specializing in ...

Wir sind eine kleine Firma, die … verkauft.	We are a small business selling …
Wir sind eine große Einzelhandelsfirma.	We are a large retailer.
Unsere Gesellschaft ist ein führender Importeur von … in der ganzen EU.	Our company is a leading importer of … all over the EU.
Wir möchten Ihre Maschinen auf dem österreichischen Markt einführen.	We would like to introduce your machines on the Austrian market.
Wir haben einen großen Bedarf an …	We have a great demand for …
Wir wollen … in unser Sortiment aufnehmen.	We are interested in including … in our range.
Wir planen, hochwertige … zu importieren.	We are planning to import high-quality …
Wir vergrößern derzeit unsere Palette an …	We are currently expanding our line of …
In unserem Land herrscht eine starke Nachfrage nach solchen Artikeln.	There is a growing demand for such items in our country.
Wir haben zahlreiche Kunden in Österreich sowie in anderen Mitgliedsländern der EU.	We have numerous customers in Austria as well as in other EU countries.
Wir haben ausgezeichnete Geschäftskontakte im In- und Ausland.	We have excellent business contacts at home and abroad.
Bitte senden Sie uns Informationsmaterial/ Prospekte von Ihren neuesten Produkten.	Could you please send us information material/brochures about your latest products.
Senden Sie uns bitte Ihren Katalog und Ihre neueste Preisliste.	Please send us your catalogue and your latest price list.
Wir wären Ihnen dankbar, wenn Sie … könnten. Wären Sie bitte so freundlich, uns … zu …	We would be grateful if you could …/We would appreciate if you could …
Bitte nennen Sie uns Ihre Preise für …	Please let us have your prices for …
Für ausführliche Informationen über Preise und Bedingungen wären wir Ihnen dankbar.	We would be grateful to receive detailed information about prices and terms.
Bitte lassen Sie uns Ihr Angebot für … zukommen.	Please let us have your quotation for …
Welches wäre Ihr frühester Liefertermin?	What would be your earliest delivery date?

Bitte teilen Sie uns mit, zu welchen Bedingungen Sie liefern können.	Please let us know on what terms you can deliver (supply).
Wenn Ihre Preise konkurrenzfähig sind, werden wir Ihnen beträchtliche Aufträge erteilen können.	If your prices are competitive, we shall be in the position to place substantial orders with you.
Wenn sich das Angebot als zufriedenstellend erweist, können Sie mit beträchtlichen Aufträgen rechnen.	If your offer turns out to be satisfactory, you may count on substantial orders.
Wenn Ihre Waren unseren Vorstellungen entsprechen, werden wir sie in unser Sortiment aufnehmen.	If your goods come up to our expectations, we shall include them in our range.
Wir danken Ihnen im Voraus.	Many thanks in advance.
Vielen Dank für Ihre freundliche Unterstützung in dieser Angelegenheit.	We thank you for your kind assistance in this matter.
Wir freuen uns auf eine baldige Antwort. In Erwartung Ihrer baldigen Antwort …	We look forward to an early reply.
Wir hoffen, bald von Ihnen zu hören.	We hope to hear from you soon.
Wir freuen uns darauf, bald von Ihnen zu hören.	We are looking forward to hearing from you soon.

3.2 Musterbriefe

Beispiel 1
britisches Layout

Dear Sir/Madam

Enquiry about catalogue

Having spoken to you during the London Trade Fair in October 2008, we were very impressed by your range of products.

We are an expanding language institute with our headquarters in Vienna and we are intending to standardize the equipment of our offices and seminar rooms in several European locations.

Therefore, we would like to ask you to send us your current catalogue, your price list and your terms.

We look forward to hearing from you soon.

Yours faithfully

Guido Schwarz
Guido Schwarz
Purchase

Auf Deutsch:

Anfrage Katalog

Sehr geehrte Damen und Herren,

Ihr Programm bei der Fachmesse im Oktober 2008 in London hat uns sehr beeindruckt.

Wir sind ein expandierendes Spracheninstitut mit Hauptsitz in Wien. Wir planen in nächster Zukunft für unsere Büro- und Seminarräume an mehreren europäischen Standorten eine einheitliche neue Ausstattung.

Deshalb bitten wir Sie, uns Ihren aktuellen Produktkatalog, Ihre Preisliste und Ihre Geschäftsbedingungen zu übermitteln.

Gerne hören wir wieder von Ihnen.

Mit freundlichen Grüßen

Guido Schwarz
Guido Schwarz
Einkauf

Beispiel 2
amerikanisches Layout

Inquiry about company and products

Dear Ladies and Gentlemen:

You have been named to us as one of the leading manufacturers of office supply. Your company enjoys an excellent reputation in this field.

We are an expanding enterprise and intend to gain a foothold on the European market. Therefore we are looking for a reliable supplier of office material. We are interested in establishing long-term business relations with a supplier of such kind.

We therefore would appreciate your sending us your catalogue as well as further information about your company and your products.

We are looking forward to your prompt reply.

Sincerely yours,

Mary Flannagan
Mary Flannagan
Assistant to the Purchasing Manager

Auf Deutsch:

Information über Unternehmen und Produkte

Sehr geehrte Damen und Herren!

Sie wurden uns als einer der führenden Hersteller von Artikeln für den Bürobedarf genannt. Ihr Unternehmen genießt in dieser Branche einen hervorragenden Ruf.

Wir sind eine expandierende Firma und beabsichtigen, auf dem europäischen Markt Fuß zu fassen. Wir suchen daher einen verlässlichen Lieferanten für Bürobedarfsartikel. Wir sind an langfristigen Geschäftsbeziehungen mit einem Lieferanten auf diesem Gebiet interessiert.

Wir wären Ihnen daher dankbar, wenn Sie uns Ihren Katalog sowie weitere Informationen bezüglich Ihres Unternehmens und Ihrer Produkte übersenden könnten.

In Erwartung Ihrer baldigen Antwort

Mit freundlichen Grüßen

Mary Flannagan
Mary Flannagan
Assistenz der Einkaufsleitung

Beispiel 3
britisches Layout

Dear Sir or Madam

Hotel reservation

My company, LearnWell Publications, is attending a language trade fair in Cardiff in July 2010. Your hotel has been recommended to us, and we would like to book two double rooms for three nights from 28 to 31 July. All rooms should be non-smoking.

I would appreciate it if you could quote me your best corporate rates for those dates. Please also let us know if it would be possible to bill our company directly.

I look forward to hearing from you soon.

Yours faithfully

Carla Brown
Carla Brown
Sales Manager

Auf Deutsch:

Zimmeranfrage

Sehr geehrte Damen und Herren,

Unsere Firma LearnWell Publications nimmt an der Fachmesse für Sprachen in Cardiff im Juli 2010 teil.
Ihr Hotel wurde uns empfohlen und wir würden gerne für die Zeit vom 28. bis 31. Juli zwei Nichtraucher-Doppelzimmer buchen.

Wären Sie bitte so freundlich, uns ein Preisangebot Ihrer günstigsten Firmentarife zukommen zu lassen. Bitte teilen Sie uns auch mit, ob eine Direktverrechnung mit unserer Firma möglich ist.

In Erwartung Ihrer baldigen Antwort

Mit freundlichen Grüßen

Carla Brown
Carla Brown
Verkaufsleiterin

Ü

3.3 Fitness Test

a) Es gibt unterschiedliche Gründe, warum Anfragen geschrieben werden. Wie würden Sie ausdrücken, dass …

- Sie die Annonce der Firma in der Zeitung … gesehen haben
- Sie vergangene Woche den Stand der Firma auf der Handelsmesse in München gesehen haben
- Ihnen das Unternehmen von einem Geschäftspartner empfohlen wurde
- Sie sich auf ein Gespräch mit Frau Spiegel beziehen

b) Bitte beschreiben Sie Ihre Firma auf Englisch:

Wir sind ein gut etabliertes Unternehmen

Wir sind ein führendes Unternehmen in der …branche

Wir sind ein junges, expandierendes Unternehmen

Wir haben zahlreiche Kunden in Österreich sowie in anderen Mitgliedsländern der EU

Wir haben ausgezeichnete Geschäftskontakte im In- und Ausland

Wir sind ein kleines/mittleres/großes Unternehmen, das … verkauft/produziert

c) Übersetzen Sie bitte:

Ihr Stand auf der Sportartikelmesse in München hat uns sehr beeindruckt.

Wir würden gerne Ihre … in unser Sortiment/unsere Produktpalette aufnehmen.

In unserem Land herrscht eine steigende Nachfrage nach solchen Artikeln.

Aufgrund der starken Nachfrage nach …

Wenn die Qualität Ihrer Produkte unseren Anforderungen entspricht, werden wir Ihnen einen Probeauftrag erteilen.

d) Füllen Sie bitte die Lücken in dieser Anfrage an eine Autovermietung. Verwenden Sie dafür die angeführten Begriffe: (provide; would like; grateful; price list; for; rent)

I ________________ to ________________ a car ________________ the month of May. I would be ________________ if you could ________________ me with a ________________ for small four-seater cars.

4. Anfragebeantwortung/ Angebot Replies to enquiries/offers

4.1 Die Anfragebeantwortung – Reply to enquiry

Jede Beantwortung einer Anfrage sollte so rasch als möglich vorgenommen und so höflich als möglich geschrieben werden. Schließlich hat hier jemand angefragt, der möglicherweise ein zukünftiger Kunde ist.

Eine Anfragebeantwortung (reply to enquiry) beinhaltet immer folgende Elemente:

- Bezugnahme auf die Anfrage mit Dank für das Interesse des Schreibers an den Produkten oder Dienstleistungen, die man anbietet
- Hinweis auf die Unterlagen, die dem Schreiben beigelegt sind
- Information über die Produkte und/oder Preise, die das Interesse des Kunden steigern könnten
- Angebot, weitere Informationen zur Verfügung zu stellen, falls dies gewünscht bzw. nötig ist
- Schlusssatz, in dem darauf hingewiesen wird, dass man sich auf eine Bestellung freut, welche mit größter Sorgfalt ausgeführt werden wird.

Hilfreiche Phrasen für die Anfragebeantwortung:

Vielen Dank für Ihre Anfrage vom 10. Mai nach ...	Thank you very much for your letter of 10 May enquiring about ...
Herzlichen Dank für Ihre Anfrage vom (Datum)	Many thanks for your inquiry of (date)
Wir bestätigen mit Dank den Erhalt Ihres Briefes vom 25. Mai, in dem Sie unseren Katalog anfordern.	We acknowledge with thanks your letter of 25 May, in which you ask for our catalogue.
Wir danken Ihnen für Ihr Interesse an unseren Produkten.	We thank you for your interest in our products/goods/articles.
Gerne schicken wir Ihnen unseren Katalog und die aktuelle Preisliste.	We have pleasure in sending you our catalogue and the latest price list.

Anbei übersenden wir Ihnen wunschgemäß ...	We are sending you ... as requested.
Beigelegt finden Sie unseren Prospekt mit unserem Komplettangebot und die aktuelle Preisliste.	Enclosed you find our brochure detailing the entire range and our current price list.
Beigeschlossen finden Sie unsere Preisliste und Geschäftsbedingungen.	Enclosed please find our price-list and terms of business.
Wir freuen uns, Ihnen ... zukommen zu lassen.	We will be pleased to provide you with ...
Wir freuen uns, Ihnen mitteilen zu können ...	We are pleased to inform you that ...
Wir bieten (Ihnen) auch kostenloses Werbematerial an.	We also offer advertising material free of charge.
Bitte beachten Sie das attraktive Design unserer Modelle.	Please note the attractive design of all our models.
Wir sind überzeugt, dass Sie für diese attraktiven Waren einen raschen Absatz finden werden.	We are convinced that you will find a ready sale for these attractive lines.
Alle unsere Waren werden aus erstklassigen Rohstoffen hergestellt.	All our goods are made from first-class raw materials.
Wir führen das komplette Sortiment aller bedeutenden Marken.	We stock the full range of all major brands.
Bitte beachten Sie die hervorragende Qualität aller unserer Modelle.	Please note the superior quality of all our models.
... zu konkurrenzfähigen Preisen	... at competitive prices
Für Erstaufträge können wir einen Sonderrabatt von 15% gewähren.	We are in the position to grant a 15% special discount for initial orders.
Wir gewähren einen Saisonrabatt von 15% auf alle Aufträge, die bis spätestens 31. Juli bei uns einlangen.	We allow a seasonal discount of 15% on all orders that reach us by 31 July.
Wir gewähren einen Händlerrabatt von 30% auf unsere Listenpreise.	We grant a trade discount of 30% on our list prices.
Wir danken Ihnen nochmals für Ihr Interesse an unseren Produkten /für Ihr Schreiben.	Once again we would like to thank you for your interest in our products/for writing to us.
Für Rückfragen stehen wir Ihnen gerne zur Verfügung.	If you have any further questions, please do not hesitate to contact us.

Bitte schreiben Sie uns, wenn Sie noch weitere Fragen haben oder rufen Sie uns unter der angegebenen Nummer an.	If you have any further questions, write to us again or call us at the above telephone number.
Wir hoffen, bald wieder von Ihnen zu hören, und dürfen Ihnen versichern, dass Ihr Auftrag umgehend erledigt wird.	We hope to hear from you again soon, and we can assure you that your order will be dealt with promptly.
Wenn Ihnen dieses Angebot zusagt, würden wir uns freuen, bald einen Auftrag von Ihnen zu erhalten.	If this offer is acceptable to you, please let us have your order by return.
Wir würden uns freuen, wenn Sie von diesem günstigen /vorteilhaften Angebot Gebrauch machen würden.	We hope you will make use of this advantageous offer.
Ein Probeauftrag wird Sie von der Qualität unserer Produkte und Leistungen unseres Hauses überzeugen.	A trial order will convince you of the excellence of our products and the quality of our service.
Wir werden uns freuen, Ihren Auftrag entgegenzunehmen, und sichern Ihnen eine prompte Erledigung zu.	We shall be pleased to receive your order, which will be carried out promptly.
Wir freuen uns darauf, mit Ihnen Geschäfte zu tätigen.	We look forward to doing business with you.

4.2 Musterbriefe

Beispiel 1
britisches Layout

Dear Ms Schranz

Our catalogue

Thank you for your letter of 21 June 2008 and your interest in our products. Enclosed you will find our illustrated catalogue and our current price list.

We look forward to hearing from you.

Yours sincerely

Amanda Lear
Amanda Lear
Sales Director

Enc: Product catalogue

Auf Deutsch:

Ihre Anfrage nach unserem Katalog

Sehr geehrte Frau Schranz,

herzlichen Dank für Ihr Schreiben vom 21. Juni 2008 und Ihr Interesse an unseren Produkten. In der Beilage erhalten Sie unseren illustrierten Katalog und die aktuelle Preisliste.
Wir würden uns freuen, von Ihnen zu hören.

Mit freundlichen Grüßen

Amanda Lear
Amanda Lear
Leiterin Verkauf

Beilage: Produktkatalog

Beispiel 2
amerikanisches Layout

Your enquiry about software of June 12

Dear Mr. Sorros:

Many thanks for your enquiry about our goods.
For your information we have included our export price list and our terms of business. We would like to draw your attention to our competitive prices and would also want to let you know that we are in the position to grant a special discount of 15 % for your initial order.
We also offer advertising material free of charge.

We hope you will make use of this advantageous offer and look forward to doing business with you.

Very truly yours,
Suzette Starnberg
Suzette Starnberg
Sales

Encs: Export price list and terms of business

Auf Deutsch:

Ihre Anfrage nach Softeware vom 12. Juni

Sehr geehrter Herr Sorros,

vielen Dank für Ihre Anfrage. Für Ihre Information haben wir unsere Exportpreisliste und unsere Geschäftsbedingungen beigelegt. Wir würden Sie gerne auf unsere konkurrenzfähigen Preise hinweisen und können Ihnen einen 15%-igen Sonderrabatt für Ihren Erstauftrag gewähren.
Wir bieten Ihnen auch kostenloses Werbematerial an.

Wir würden uns freuen, wenn Sie von diesem vorteilhaften Angebot Gebrauch machen würden, und freuen uns darauf, mit Ihnen Geschäfte zu tätigen.

Mit freundlichen Grüßen

Suzette Starnberg
Suzette Starnberg
Verkauf

Beilagen: Exportpreisliste, Geschäftsbedingungen

4.3 Das Angebot – Offer

Ein Angebot wird gemacht, wenn der potenzielle Kunde in seiner Anfrage darum gebeten hat. Meist handelt es sich um Preisangebote (quotations).
Angebote sollen den Empfänger klar und eindeutig über Preise (auch Rabatte und andere Preisnachlässe), Mengen sowie Liefer- und Zahlungsbedingungen informieren. Ansonsten ist wie bei der Anfragebeantwortung (Kapitel 4.1, Seite 24–26) vorzugehen und man verwendet auch diese Phrasen.

Hilfreiche Phrasen für das Angebot:

Es freut uns, Ihnen folgendes Preisangebot zu unterbreiten.	We are pleased to submit the following quotation.
Der Preis pro Stück beträgt ...	The price per unit is ...
Dieser Preis versteht sich einschließlich Fracht und Verpackung.	Freight and packing are included in this price.
Der gegenwärtige (Großhandels)-Preis beträgt ... pro Stück/Einheit etc.	The current (wholesale) price is ... per unit/item etc.
einschließlich (inklusive) ausschließlich (exklusive)	... including ... excluding
Unsere Preise verstehen sich ... (Incoterm + Bestimmungsort) z. B.: Unsere Preise verstehen sich FOB Triest.	Our prices are quoted ... (Incoterm + destination) e. g.: Our prices are quoted FOB Trieste.
Unsere Preise verstehen sich zuzüglich MwSt/Ust.	Our prices are quoted plus VAT/sales tax.
Alle Preise sind netto.	All prices are net.
Wir gewähren einen Händlerrabatt von 30% auf unsere Listenpreise.	We grant a trade discount of 30% on our list prices.
Ein Nachlass von ...% wird auf Erstaufträge gewährt.	A discount of ...% is granted on initial orders.
Ein Rabatt von ...% wird auf alle Aufträge im Wert von mindestens € ... gewährt	A discount of ...% is granted on orders worth at least ... €.
Fracht bezahlt	carriage paid
unfrei	carriage unpaid
Unsere Zahlungsbedingungen lauten ...	Our terms would be ... Our terms are ...

Unsere Zahlungsbedingungen lauten 2% Skonto innerhalb von 10 Tagen oder 60 Tage netto.	Our terms of payment are 2%/10 or net 60.
Wir bitten um Zahlung per ...	We would request payment by ...
Zahlung bei Erhalt der Rechnung.	Payment is to be effected on receipt of invoice.
Die Zahlung sollte im Voraus erfolgen.	Payment should be made in advance.
Zahlung bitte bei Erhalt der Lieferung.	Payment should be made on receipt of the consignment.
Zahlung bitte innerhalb von 15 Tagen nach Lieferung.	Payment is to be effected within 15 days from receipt of the goods.
Bei Erstabschlüssen bitten wir alle unsere Kunden um Zahlung mittels eines unwiderruflichen und bestätigten Akkreditivs.	In the case of first transactions we ask all our customers for payment by irrevocable and confirmed letter of credit.
Dieses Angebot ist freibleibend.	This offer is subject to change./This offer is without engagement.
Dieses Angebot gilt für 10 Tage.	This offer is firm for 10 days only.
Dieses Angebot gilt für einen Monat.	This offer is binding for one month.

Die höflichen Schlussformulierungen finden Sie auf Seite 25 und 26 bei der Anfragebeantwortung.

4.4 Sonderfälle

Manchmal ist das, wonach der potenzielle Kunde anfragt, nicht vorrätig oder nicht mehr im Programm oder wird nicht mehr hergestellt.
In diesem Fall schreibt man eine höfliche Anfragebeantwortung und bietet Ersatz an.
Wenn dies nicht möglich ist, teilt man mit, ab wann die Ware wieder vorrätig ist.
Wenn die Firma das nachgefragte Produkt gar nicht im Programm hat, verweist man auf einen Geschäftspartner, der dies hat.
Auf gar keinen Fall sollte man die Anfrage in den Papierkorb werfen und denken: „Das haben wir ohnehin nicht."

Hilfreiche Phrasen für Sonderfälle:

Leider müssen wir Ihnen mitteilen, das wir diese ... nicht mehr herstellen.	We regret to say that we no longer produce this type of ...
Leider sind die von Ihnen gewünschten Gummibänder derzeit nicht lagernd.	We regret to inform you that the rubber bands required by you are temporarily out of stock.
Es tut uns leid, Ihnen in diesem Fall nicht behilflich sein zu können.	We regret not being able to help you in this instance.
Bedauerlicherweise können wir den gewünschten Artikel nicht liefern, da die Produktion eingestellt wurde.	Unfortunately we are unable to supply the article you require because production has been discontinued.
Ersatzweise würden wir Ihnen gerne Artikel 2363 anbieten.	We would like, though, to offer article 2363 as a substitute.
Wir können Ihnen jedoch eine Alternative von ebenso guter Qualität anbieten.	We would like to offer you this alternative product which is of equally high standard.
Die grün gekennzeichneten Posten auf der Liste werden im Juni erhältlich sein.	Items marked in green in the list will be available in June.
Dürfen wir Sie im vorliegenden Fall an die Firma Cole GmbH in Oxford verweisen?	May we refer you to Cole Ltd in Oxford in this matter?

4.5 Incoterms – Internationale Handelsklauseln

Die Incoterms werden benötigt, wenn ein Angebot auch Lieferbedingungen enhält. Die Incoterms (international commercial terms) wurden von der Internationalen Handelskammer entwickelt. Die Incoterms sollen vor allem die Art und Weise der Lieferung von Waren regeln. Sie gelten für den internationalen Handel. Die Bestimmungen legen fest, welche Transportkosten der Verkäufer und welche der Käufer zu tragen hat und wer im Falle eines Verlustes der Ware das finanzielle Risiko trägt. Es gibt 4 Kategorien und insgesamt 13 Incoterms. Für das korrekte Verfassen der Geschäftskorrespondenz ist es für Sie als Schülerin/Schüler nicht erforderlich, alle Details der Incoterms zu kennen. Es genügt, wenn Sie wissen, welche Incoterms für den Verkäufer günstig sind und welche für den Käufer.

Günstig für die Verkäuferin/den Verkäufer:

E-Klausel – Abholklausel
EXW (ex works): ab Werk (der Käufer holt die Ware auf seine Kosten vom Werk/der Produktionsstätte ab)

F-Klauseln – Haupttransport wird nicht von der Verkäuferin/dem Verkäufer bezahlt
FCA (free carrier): frei Frachtführer
FAS (free alongside ship): frei Längsseite Schiff
FOB (free on board): frei an Bord

Günstig für die Käuferin/den Käufer:

C-Klauseln – Haupttransport wird von der Verkäuferin/dem Verkäufer bezahlt
CFR (cost and freight): Kosten und Fracht
CIF (cost, insurance and freight): Kosten, Versicherung, Fracht
CPT (carriage paid to ...): frachtfrei
CIP (carriage and insurance paid to ...): frachtfrei versichert

D-Klauseln – Ankunftsklauseln
DAF (delivered at frontier): geliefert Grenze
DES (delivered ex ship): geliefert ab Schiff
DEQ (delivered ex quay): geliefert ab Kai
DDU (delivered duty unpaid): geliefert unverzollt
DDP (delivered duty paid): geliefert verzollt und versteuert

Es gibt noch einige andere wichtige Ausdrücke für die Lieferung/Zustellung, die jedoch keine Incoterms sind:

franco domicile	=	frei Haus
franco to (y)our premises	=	frei bis zu unseren (Ihren) Geschäftsräumen
carriage paid	=	frachtfrei, Fracht bezahlt
carriage forward	=	unfrei, Fracht zahlt der Empfänger
including postage and packing (P&P)	=	einschließlich Porto und Verpackung

4.6 Musterbriefe

Beispiel 1
britisches Layout

Dear Ms Grant

Your enquiry of 24 September 2009

Many thanks for your letter and your interest in our handmade cardigans „Princess Anne".

Our company stands for excellent quality of Scottish knitwear. The cardigans you are interested in are among our best-selling items and enjoy an outstanding reputation throughout the world.
In order to enable you a better understanding of the quality and nature of the goods, we are enclosing an exquisite brochure giving information about the raw materials as well as the processing techniques used.
The price per item is € 90.– quoted FOB German port. Bulk discounts are available upon request. Deliveries can be made within 10 days after receipt of order. Payment is to be effected within 10 days from receipt of the goods. We grant an early payment discount of 3%. For further information please refer to our general terms of business which we are enclosing for your convenience.

Hoping to receive your order soon.

Yours sincerely

John McCullum
John McCullum

Sales

Encs: Product information brochure, general terms of business

Auf Deutsch:

Ihre Anfrage vom 24. September 2009

Sehr geehrte Frau Grant,

Vielen Dank für Ihr Schreiben und Ihr Interesse an unseren handgefertigten Strickjacken „Princess Anne“.
Unser Unternehmen steht für ausgezeichnete Qualität von schottischen Strickwaren. Die Strickjacken, für die Sie sich interessieren, gehören zu unseren meist verkauften Artikeln und genießen einen hervorragenden Ruf auf der ganzen Welt.
Um Ihnen ein besseres Verständnis der Qualität und Art der Ware zu vermitteln, legen wir eine exklusive Broschüre mit Informationen über die verwendeten Rohstoffe sowie Verarbeitungsmethoden bei.
Der Stückpreis liegt bei € 90,– FOB ab deutschem Hafen. Auf Anfrage besteht die Möglichkeit eines Massenrabatts. Die Lieferung ist innerhalb von 10 Tagen nach Auftragseingang möglich.
Die Zahlung ist innerhalb von 10 Tagen nach Erhalt der Waren durchzuführen.
Wir gewähren Skonto von 3%. Bezüglich weiterer Informationen dürfen wir Sie auf unsere beigelegten allgemeinen Geschäftsbedingungen verweisen.

Wir würden uns freuen, bald einen Auftrag von Ihnen zu erhalten.

Mit freundlichen Grüßen

John McCullum
John McCullum

Verkauf

Beilagen: Informationsbroschüre, allgemeine Geschäftsbedingungen

Ü

4.7 Fitness Test

a) Herr Meister beantwortet eine Anfrage bezüglich eines Kostenvoranschlages für verschiedene Handymodelle. Fügen Sie bitte die folgenden Ausdrücke in der richtigen Reihenfolge ein:

> In reply to; we have a wide range of; of a high standard; are also available; we are pleased to enclose; for all orders more than; is carried out free of charge; enquiry/inquiry; CIF prices;

Dear Mr Miller

Your ______________ of 12 June about mobiles

______________ your e-mail of 9 April, ________________________________

a detailed quotation for the models of mobiles specified. Besides those models that were on display at the International Telecommunications Fair,

________________________________ other designs, as shown in our enclosed catalogue.

All our equipment is ________________________________ and comes with a three-year warranty.

A range of accessories ______________________ with some of the models.

Installation _______________________________________ by any of our three thousand service centres located throughout Europe.

Furthermore, we are able to offer a 3% discount ________________________

___________ € 2,000.–. Our ______________ are for sea/land transport only.

If this offer is acceptable to you, please let us have your order by return.

Yours sincerely

Klaus Meister
Klaus Meister
Export

b) Wie sagen Sie:

Eine große Auswahl anbieten:
we have a wide range of
we make plenty of
we are holding a sale of

„In Beantwortung"
In reply to
Furthermore, ...
As a result of

Die Qualität hervorheben:
the best
of a high standard
showing quality

„ist/sind erhältlich":
is ready
are available
are disposable

Die Zahlungsbedingungen angeben:
We demand
Our terms are
You must pay

Die Zahlung „sollte ... erfolgen":
must be done
should be made
is to take place

c) Füllen Sie bitte die Lücken in diesem Kostenvoranschlag zu einem speziellen Einführungsangebot in der richtigen Reihenfolge:

> in; of; to enclose; on; In reply; enclosed; introductory; for the

In ______________ your inquiry of 4 May we are pleased ______________ the requested quotation ______________ the goods specified. This range is a special ________________________ offer, with a 5% discount _________ your initial order. If you wish to take advantage ______________ this offer, please fill ______________ the ______________ form.

5. Auftragserteilung/ Bestellungen Placement of orders

In diesem Kapitel geht es um Auftragserteilung (placement of orders) und um – die eher seltene – Auftragsstornierung (cancellation of orders). Diese beiden Arten von Geschäftsbriefen schreibt **die Käuferin/der Käufer**.

5.1 Die Bestellung/der Auftrag – Order

Bei einer Bestellung gehen Sie bitte folgendermaßen vor:
Sie beziehen sich auf das Angebot, das Sie erhalten haben, oder den Katalog oder die Preisliste, nach der Sie bestellen.

Eine Bestellung sollte immer folgende Details enthalten:

- Artikel, Artikelnummer, Menge, Einzelpreis, Gesamtpreis.
- Hinweise auf spezielle Vereinbarungen, die bereits getroffen wurden, wie: Rabatte, Zahlungsart, Lieferfristen, Lieferarten, Verpackung.

Eine Bestellung beendet man mit einer höflichen Standardschlussformel.

Die meisten Aufträge werden heutzutage per E-Mail getätigt. Üblicherweise werden sie auf firmeninternen vorgedruckten Bestellformularen vorgenommen. Es müssen nur die Rubriken richtig ausfüllt, Auftragsnummer, Datum und Bezugszeichen richtig einsetzt und Unterschrift bzw. Firmenstempel nicht vergessen werden. Manchmal ist es erforderlich, dass ein Begleitbrief (cover letter) mitgeschickt wird, in dem nähere Details der Auftragsausführung wie z. B. Verpackung oder Transportart festgelegt werden.
Wenn es keine vorgefertigten Formulare gibt, machen Sie für eine Bestellung von mehreren unterschiedlichen Artikeln am besten eine Tabelle.
Wenn nur ein Artikel in größeren Mengen bestellt wird, muss die Bestellung klar und übersichtlich gegliedert sein.

Hilfreiche Phrasen für eine Bestellung:

Wir danken Ihnen für Ihr Angebot vom (Datum) und übersenden Ihnen beiliegend unseren Auftrag (Nr. B 561) über …	Thank you for your offer of (date). Enclosed you will find our order (No. B561) for …
Wir danken für Ihr Angebot vom (Datum) und erteilen Ihnen hiermit folgenden (Probe-)Auftrag.	We thank you for your quotation of (date) and are pleased to place the following (trial) order with you.
Wir danken Ihnen für Ihr Angebot vom (Datum). Bitte liefern Sie nach folgender Aufstellung:	Thank you for your offer of (date). Please supply as specified below:
Wir danken Ihnen für Ihr Angebot vom (Datum) und übersenden Ihnen beiliegend unser Auftragsformular Nr. …	We thank you for your quotation of (date). We enclose our order form no …
Ihr Angebot sagt uns zu.	Your offer found our approval.
Bezug nehmend auf Ihren Katalog (Inserat in …) bestellen wir folgende im Bestellformular angeführten Waren:	With reference to your catalogue (advertisement in …) please send the goods listed on the enclosed order form.
… zu dem in Ihrem Angebot angegebenen Preis …	… at the prices stipulated in your quotation …
Wir danken für die Gewährung eines Wiederverkäuferrabatts in der Höhe von 30% und eines 10 %-igen Mengenrabatts.	We thank you for the 30% trade discount and the 10% quantity discount you allowed us.
Wir bestätigen Ihnen hiermit, dass die Zahlung durch unwiderrufliches Akkreditiv erfolgt. Wir haben bereits einen entsprechenden Antrag an unsere Bank gerichtet.	We would like to confirm that payment will be made by irrevocable letter of credit which we have already applied for to our bank.
Die Zahlung wird, wie vereinbart, per Banküberweisung durchgeführt.	As agreed, payment will be settled by giro transfer.
Die Lieferung wird sofort benötigt (innerhalb von 4 Wochen/bis spätestens 20. Mai).	Delivery will be required immediately (within 4 weeks/by 20 May).
Wir werden die Lieferung nicht annehmen, wenn sie nach dem 20. Mai ankommt.	We shall not accept the consignment if it arrives after 20 May.
Der Auftrag wird unter der Voraussetzung erteilt, dass die Waren vor dem 31. März bei uns einlangen.	This order is placed on the understanding that the goods arrive here before 31 March.
Wir möchten Sie bitten, auf sorgfältige Verpackung besonders zu achten.	We would ask you to pay special attention to careful packing.

Wir benötigen die Waren dringend und bitten daher um Versand per Express.	Please send the goods express as we need them urgently.
Wir bitten um Versand per Bahn.	Please arrange for delivery by goods train.
Wir bitten um Versand per Luftfracht.	Please forward the goods by air.
Zur Vermeidung von Transportschäden muss die Ware unbedingt in festen Kartons verpackt werden.	To ensure that the goods are not damaged in transit please note that strong boxes for packing are essential.
Bitte legen Sie die Rechnung in dreifacher (vierfacher) Ausfertigung vor.	Kindly submit invoice in triplicate (quadruplicate).
Wir bitten um umgehende Bestätigung dieser Bestellung.	We would ask for immediate confirmation of this order.
Wir sehen der raschen und sorgfältigen Durchführung unseres Auftrages gerne entgegen.	We look forward to a prompt and careful execution of our order.
Eine rasche und sorgfältige Ausführung dieses Auftrages wird zu regelmäßigen Nachbestellungen führen.	A prompt and careful execution of this order will lead to regular repeats.
Wenn sich diese Ware entsprechend unseren Erwartungen absetzen lässt, werden wir in Kürze weitere Aufträge erteilen.	If the goods sell as well as we hope, we will be placing orders in the near future.
Eine zufriedenstellende Ausführung dieses Auftrages wird zu regelmäßigen Nachbestellungen führen.	If our order is carried out to our complete satisfaction regular repeats will follow.
Wir freuen uns, die Waren in Kürze entgegenzunehmen.	We are looking forward to taking delivery of the goods in the near future.
Wir freuen uns, Ihnen bald weitere Aufträge zu erteilen.	We are looking forward to placing further orders with you soon.

5.2 Musterbriefe

Beispiel 1: E-Mail
britisches Layout

Dear Ms Felice

Order for Italian Pasta Sauce *Buon Appetito*

Thank you for your e-mail dated 16 November 2008, giving us detailed information regarding your products, prices, availability and your terms of delivery.
Your offer found our approval. Therefore, we are pleased to place the following order with you:

12,000 boxes (with 20 bags each) of your pasta sauce "Buon Appetito" at the prices stipulated in your quotation.

We thank you for the 10% quantity discount you allowed us.
Delivery will be required immediately. Please arrange for delivery by goods train.
As agreed, payment will be settled by giro transfer.

We look forward to a prompt and careful execution of our order.

Kind regards

Maria Bellinger
(Purchase Department)

Auf Deutsch:

Betreff: Bestellung italienischer Nudelsauce *Buon Appetito*

Sehr geehrte Frau Felice,

vielen Dank für Ihr E-Mail vom 16. November 2008, mit dem Sie uns genauere Angaben über Ihre Produkte, Preise, Lieferbarkeit und Lieferbedingungen zukommen ließen.
Ihr Angebot sagt uns zu. Wir freuen uns daher, Ihnen folgenden Auftrag erteilen zu können:

12.000 Kisten (à 20 Beutel) Ihrer italienischen Nudelsauce „Buon Appetito“ zu dem in Ihrem Angebot angegebenen Preis.

Wir danken für die Gewährung eines 10 %-igen Mengenrabatts.
Die Lieferung wird sofort benötigt. Wir bitten um Versand per Bahn.
Die Zahlung wird, wie vereinbart, per Banküberweisung durchgeführt.

Wir sehen der raschen und sorgfältigen Durchführung unseres Auftrages gerne entgegen.

Mit besten Grüßen

Maria Bellinger
Einkauf

Beispiel 2: E-Mail
britisches Layout

Dear Ms Jones

Order for Confectionary

We have studied your catalogue and price list sent to us on 23 May … and now wish to order as follows:

Quantity	Description	Article No	List Price	Total
3,400	„Easter Eggs“	EE 34	€ 0.20	€ 680.–
200	Boxes of „White chocolates“	WC 88	€ 4.00	€ 800.–
			Sub-total	€ 1,480.–
			– 5% discount	– € 74.–
			Total	€ 1,406.–

Shipment: Intertrans Co.
Delivery: Franco to our premises
Packing: See enclosed packing list
Payment: On receipt of invoice by transfer to your account with Credit Bank.

We look forward to receiving your confirmation of this order and advice of dispatch.

Yours sincerely
Easterworld Ltd

Claudia Sweet
Claudia Sweet
Purchase

Enc: Packing Instructions

Auf Deutsch:

Bestellung von Süßwaren

Sehr geehrte Frau Jones,

Wir haben Ihren Katalog und die Preisliste geprüft und möchten jetzt den folgenden Auftrag erteilen:

Menge	Beschreibung	Artikel Nr.	Listenpreis	Gesamtbetrag
3.400	„Ostereier“	EE 34	€ 0,20	€ 680,–
200	Schachteln „Weiße Schokolade“	WC 88	€ 4,00	€ 800,–
			Zwischensumme	€ 1.480,–
			– 5% Rabatt	– € 74,–
			Gesamt	€ 1.406,–

Versand: Fa. Intertrans
Lieferung: Frei Haus
Verpackung: Laut Packliste
Zahlung: Überweisung auf das Konto bei der Credit Bank nach Erhalt der Rechnung

Wir freuen uns auf Ihre Auftragsbestätigung und Versandanzeige.

Mit freundlichen Grüßen
Easterworld GmBH

Claudia Sweet
Claudia Sweet
Einkauf

Beilagen: Verpackungvorschriften

5.3 Auftragsstornierung – Cancellation of orders

Manchmal muss ein bereits erteilter Auftrag durch den Käufer selbst storniert werden. Dafür gibt es verschiedenen Gründe: Die Geschäfte gehen schlecht; die Lieferzeit wurde weit überschritten; die Nachfrage nach den Waren liegt weit unter den Erwartungen oder der Verkäufer/Lieferant hat die Preise zu stark erhöht.
Auch hier gilt, wie immer in der Geschäftskorrespondenz – vor allem der englischsprachigen –, das Prinzip der größtmöglichen Höflichkeit.

Hilfreiche Phrasen:

Bezugnehmend auf unseren Auftrag Nr. ...	Referring to our order no ...
Wir müssen Ihnen leider mitteilen, dass wir unseren Auftrag Nr. ... stornieren müssen.	We regret to tell you that we are forced to cancel our order no. ...
Leider liegt die Nachfrage nach diesem Artikel weit unter unseren Erwartungen.	Unfortunately, the demand for this article is far below our expectations.
Da die vereinbarte Lieferzeit weit überschritten ist, sehen wir uns gezwungen, den Auftrag zu stornieren.	As the agreed time of delivery has long expired, we feel compelled to cancel our order.
Da Sie die Waren anscheinend nicht zum alten Preis liefern können, haben wir keine andere Wahl, als unseren Auftrag zu stornieren.	As you do not seem to be in the position to supply the goods at the old price, we see no other alternative but to cancel our order.
Da einer unserer größten Kunden sein Geschäft schließen musste, sind wir derzeit mit beträchtlichen Schwierigkeiten konfrontiert.	As one of our major customers had to close down his business we are facing considerable difficulties at the moment.
Da das Geschäft im Moment sehr schlecht geht, sind wir gezwungen, den Auftrag Nr. ... zu stornieren.	As business is very slack in these days we are forced to cancel our order no ...
Wir hoffen auf Ihr Verständnis und sind sicher, dass wir die entstandenen Unannehmlichkeiten bald wieder durch andere Aufträge wettmachen werden.	We hope that you will understand our situation and are sure that we will soon be in the position to make up for the inconvenience caused.

Beispiel
britisches Layout

Dear Sir/Madam

Cancellation of order

Referring to our order no 869 of 5 March we regret to tell you that we are forced to cancel our order. One of our major customers had to close down his business and we are facing considerable difficulties at the moment. We hope that you will understand our situation and are sure that we will soon be in the position to make up for the inconvenience caused.

Yours faithfully

Auf Deutsch:

Auftragsstornierung

Sehr geehrte Damen und Herren,

Bezug nehmend auf unsere Bestellung Nr. 869 vom 5. März müssen wir Ihnen leider mitteilen, dass wir die Bestellung stornieren müssen. Einer unserer größten Kunden musste sein Geschäft schließen und wir sind derzeit mit beträchtlichen Schwierigkeiten konfrontiert. Wir hoffen auf Ihr Verständnis und sind sicher, dass wir die entstandenen Unannehmlichkeiten bald wieder durch andere Aufträge wettmachen werden.

Mit freundlichen Grüßen

Ü 5.4 Fitness Test

a) Fügen Sie bei den folgenden drei Bestellungen die korrekten Formulierungen aus der Liste ein:

> by; the latest; of; are; to place; following; would like to order; with; by;
> an order for; immediate; Thank you for; confirm;

Bestellung 1: We ____________________ 27 fog lamps for delivery ________ 31 May at ________________

Bestellung 2: ____________________ your quotation _______ 3 October. We ________________ pleased ________________ an order ________________ you for the ________________ items. Please ________________ that you can supply the goods ________________ the end of the month.

Bestellung 3: We have pleasure in placing ________________ 500 Sony mobile phones for ________________ delivery.

b) Wie sagen Sie, dass:

- Sie sich für das Angebot vom ... bedanken und Ihren Bestellschein Nr. ... beilegen.
- Sie gerne folgende Artikel bestellen möchten, nachdem Sie den Katalog genau studiert haben.
- Sie sich auf eine Annonce in der Zeitung ... beziehen und um sofortige Lieferung von ... ersuchen.
- Sie sich auf das Angebot vom ... beziehen und um Lieferung nachstehender Artikel ersuchen.

c) Wie beenden Sie die folgenden Bestellungen? Finden Sie die passenden Satzhälften.

1) If our order is carried out to our complete satisfaction
2) We are looking forward to taking delivery
3) We are looking forward to

a) of the goods in the near future.
b) placing further orders with you soon.
c) regular repeats will follow.

6. Auftragsbearbeitung
Execution of orders

Hierbei geht es um Auftragsbestätigung, Auftragsablehnung und Versandanzeige. Alle drei Briefarten schreibt **die Verkäuferin/der Verkäufer**.

6.1 Auftragsbestätigung – Order confirmation/acknowledgment of order

Bei dieser Form der Bestätigung teilt der Verkäufer dem Käufer mit, dass der Auftrag bei ihm eingegangen ist und er die Ausführung des Auftrages in die Wege leitet.

Eine Auftragsbestätigung beinhaltet immer folgende Informationen:
- Bezugnahme auf die eingegangene Bestellung
- Bestätigung und Information über die Ausführung des Auftrages
- Zahlungsmodalitäten
- Höfliche Standardformulierungen als Abschluss

Hilfreiche Phrasen für die Auftragsbestätigung:

Vielen Dank für den oben erwähnten Auftrag über ...	Many thanks for the above-mentioned order for ...
Wir bestätigen mit Dank den Erhalt Ihrer Bestellung Nr. 791 vom 4. Mai.	We acknowledge with thanks your order no 791 of 4 May.
Vielen Dank für Ihren Auftrag vom ..., den wir gerne bestätigen.	Thank you for your order dated ... which we are pleased to confirm.
Wir bestätigen hiermit den Erhalt Ihres Auftrages vom ...	We herewith acknowledge/confirm your order of ...
Die Erledigung Ihres Auftrages wurde bereits veranlasst.	The completion of your order has already been put in hand.
Dieser Artikel kann sofort ab Lager geliefert werden.	This article can be supplied immediately from stock.
Die Versanddokumente gehen Ihnen in den nächsten Tagen zu.	You will receive the shipping documents within the next few days.

Die Artikel werden sofort nach Bestätigung Ihres Akkreditivs abgeschickt werden.	The articles will be forwarded immediately upon confirmation of your letter of credit.
Die Lieferung erfolgt CIF Dover innerhalb von 30 Tagen.	Delivery will be made CIF Dover within 30 days.
Die Lieferung erfolgt per Bahn, frei Ihren Geschäftsräumen in ca. 8 Tagen.	Delivery will be made by rail, franco to your premises, in approx. 8 days´ time.
Unsere Rechnung ist beigelegt und wir bitten Sie, diese innerhalb von 30 Tagen durch Überweisung auf unser Konto bei … zu begleichen.	Our invoice is enclosed and we would ask you to settle it within 30 days by transfer to our account at …
Die beigefügte Rechnung beläuft sich auf € 6.897,–, mit denen wir Ihr Konto belastet haben.	The enclosed invoice amounts to € 6,897.– for which we have debited your account.
Bitte teilen Sie uns die Ankunft der Waren mit.	Please inform us of the arrival of the goods.
Vielen Dank, dass Sie sich entschlossen haben, unserer Firma Ihren Auftrag zu erteilen.	Thank you for choosing to place your order with our company.
Wir freuen uns auf weitere Aufträge von Ihnen, die wir mit der gleichen Sorgfalt ausführen werden.	We shall be pleased to receive your further orders which will be given the same careful attention.

6.2 Musterbriefe

Beispiel
amerikanisches Layout

Your order for Energy Drinks No. 458 of May 25, 2009

Dear Ms. Miller:

We would like to confirm your order for 1,000 boxes of our energy drink BeachPower with 50 bottles at $ 1.00 each. Delivery to your premises is to be effected at the latest June 5, 2009.
As you informed us via telephone, you have already arranged for payment via bank transfer with your bank today.
We understand that the goods are urgently required due to the upcoming beach season. We assure you that delivery will be made on time.

We are confident that BeachPower will bring power to all your beach festivals.

Best regards,

Josephine Baker
Josephine Baker
Sales Manager

Auf Deutsch:

Ihre Bestellung von Energydrinks Nr. 458 vom 25. Mai 2009

Sehr geehrte Frau Miller,

hiermit bestätigen wir Ihre Bestellung von 1.000 Kisten unseres Energydrinks BeachPower à 50 Flaschen für je $ 1,00.
Die Lieferung an Ihre Adresse erfolgt bis spätestens 5. Juni 2009.
Wie Sie uns telefonisch mitteilten, haben Sie die Zahlung per Überweisung bereits heute bei Ihrer Bank veranlasst.

Wie wir wissen, werden die Waren dringend benötigt, da die Strandsaison bevorsteht. Wir versichern Ihnen, dass die Lieferung pünktlich erfolgen wird.

Wir gehen davon aus, dass BeachPower Power in Ihre Strandfestivals bringen wird.

Freundliche Grüße

Josephine Baker
Josephine Baker
Verkaufsleiterin

6.3 Auftragsablehnung – Rejection of orders

Gelegentlich kommt es vor, dass der Verkäufer einen Auftrag ablehnt. Der Grund dafür ist meist, dass der bestellte Artikel nicht mehr produziert wird oder derzeit nicht vorrätig ist. In diesem Fall bietet man Ersatz an oder verweist auf einen späteren Liefertermin.

Beispiel
britisches Layout

Dear Mr Summer

Your order no 4456 for Airport Trolley 79

Thank you very much for your order no 4456 of 23 February.

Unfortunately we no longer produce Airport Trolley 79 and would like to offer Airport Trolley 85 as a substitute. As you can see in the enclosed catalogue on page 54, this trolley is very similar to Airport Trolley 79, yet smaller and handier and sells almost at the same price.
In case of your order for Airport Trolley 85 we would be prepared to grant a special discount of 25%.

We hope we shall be able make up for the inconvenience caused and are looking forward to your order.

Yours sincerely

Auf Deutsch:

Ihr Auftrag Nr. 4456 für Airport Trolley 79

Sehr geehrter Herr Summer,

Vielen Dank für Ihren Auftrag Nr. 4456 vom 23. Februar.
Leider müssen wir Ihnen mitteilen, dass wir Airport Trolley 79 nicht mehr herstellen und würden Ihnen als Ersatz Airport Trolley 85 anbieten. Wie Sie im beigelegten Katalog auf Seite 54 sehen können, ist dieser Trolley dem Airport Trolley 79 sehr ähnlich, jedoch kleiner und handlicher und wird fast zum gleichen Preis verkauft.
Sollten Sie sich für Airport Trolley 85 entscheiden, würden wir Ihnen einen Sonderrabatt in der Höhe von 25% gewähren.
Wir hoffen, die entstandenen Unannehmlichkeiten damit wettmachen zu können, und freuen uns auf Ihren Auftrag.

Mit freundlichen Grüßen

6.4 Versandanzeige – Advice of dispatch

In diesem Schreiben informiert der Verkäufer den Käufer darüber, dass der Versand der Waren erfolgt ist bzw. veranlasst wurde. Versandanzeigen erfolgen meistens per E-Mail.

Beispiel
amerikanisches Layout

Your order for books of March 13, 2009

Dear Ms. Müller:

We are pleased to inform you that the books you ordered on 13 March have been dispatched today.
As agreed, the goods will be delivered to you on Monday morning.
We are confident that the goods will find a ready market and are looking forward to your next order.

Sincerely yours,

Allan Gold
Allan Gold
Dispatch Manager

Auf Deutsch:

Ihr Auftrag über Bücher vom 13. März 2009

Sehr geehrte Frau Müller,

wir freuen uns, Ihnen mitzuteilen, dass die von Ihnen am 13. März bestellten Bücher heute versendet wurden.
Wie vereinbart, werden die Bücher Montag Früh geliefert werden.
Wir sind sicher, dass die Bücher guten Absatz finden werden, und freuen uns auf Ihre weiteren Bestellungen.

Mit freundlichen Grüßen

Allan Gold
Allan Gold
Versandleiter

Ü 6.5 Fitness Test

a) Vervollständigen Sie bitte diese Versandanzeige:

We ______________ your order ______________ 500 pairs of green socks.

The items have been ______________ today. The goods will ______________ at your premises tomorrow morning.

b) Finden Sie bitte die entsprechenden englischen Ausdrücke für:

1. Die Waren gemäß Ihres Auftrages Nr. … vom … können jederzeit während unserer Geschäftszeiten abgeholt werden.
2. Die Waren werden innerhalb der nächsten 7 Tage an Sie versandt werden.
3. Es freut uns, Ihnen mitteilen zu können, dass die Lieferung gemäß Ihres Auftrages Nr. … vom … gerade für den Versand bereitgemacht wird.
4. Es freut uns, Ihnen mitteilen zu können, dass wir die Waren, die Sie bestellt haben, bereits an Sie abgeschickt haben.
5. Wir freuen uns, Ihnen mitteilen zu können, dass die Waren per Flugpost/Bahn/Schiff zugehen werden.

a) The goods will be sent off to you within the next 7 days.

b) We are glad to tell you that the consignment will be sent to you by air mail/rail/sea.

c) The goods as per order no … of … can be picked up any time during our office hours.

d) We are glad to tell you that the consignment as per order no … of … is just being made ready for dispatch/shipment.

e) We would like to tell you that we have already sent off the goods you ordered.

c) Bestätigen Sie den Auftrag mit der Nummer 76-RT, aber teilen Sie dem Kunden mit, dass die Ware nicht vorrätig ist und dass sich die Auslieferung deshalb um drei Wochen verzögert.

7. Vokabular

Liebe Schülerin, lieber Schüler, liebe Leserin, lieber Leser!

Um Ihnen den Umgang mit dem Geschäftsenglisch noch weiter zu erleichtern, gibt es im allerletzten Kapitel „Vokabular" die wichtigsten und am häufigsten gebrauchten Vokabeln rund um die Geschäftskorrespondenz. Damit sollten Sie in der Lage sein, Ihre englischsprachige Korrespondenz noch leichter und müheloser zu abzuwickeln.

Anfrage	enquiry; inquiry
Angebot	offer
Anzahlung	deposit
Artikel	item
auf Anfrage	upon request
aufgrund	due to sth.
Auftrag	order
ausfüllen	fill in
Ausstattung	equipment
beabsichtigen	intend
bedauerlicherweise	unfortunately
Bedingungen (allgemein)	conditions
benötigen	require
Bereich, Gebiet	field
bestätigen	confirm
brutto	gross
brutto für netto	gross for net
Bürobedarf	office supply
Einführungsangebot	introductory offer
Einkaufsabteilung	Purchase Department
Einkaufsleiter	Purchase Manager
erforderlich, benötigt	required
erhältlich	available
erhältlich, vorrätig	available
Ersatz	substitute
Erwartungen	expectations
fällig	due
Firmentarif	corporate rate
frachtfrei	carriage paid; carriage free
frei Haus	franco domicile; free domicile

Frühzahlerrabatt	early payment discount
führend	leading
Fuß fassen	to gain a foothold
Garantie, Gewährleistung	warranty
gefordert, erwünscht	requested
gemäß	as per
Gesamtbetrag, Gesamtsumme	sum total
Geschäftsbedingungen	terms (of business)
Geschäftsbeziehungen	business relations
Geschäftszeiten	office hours
gewähren	allow; grant
gezwungen sein	to be forced to ...
günstig	advantageous
Hauptsitz	headquarters
Hersteller	manufacturer
im Ausland	abroad
innerhalb	within
kaufen	purchase
konkurrenzfähig	competitive
kostenlos	free of charge
langfristig	long-term
Lieferant	supplier
Lieferung, Zustellung, Auslieferung	delivery
Mengenrabatt	quantity discount
Messe, Handelsmesse	trade fair
Muster	sample
Nachfrage	demand
nähere Angaben	details
netto	net
Preisangebot/Offert	quotation
Preisliste	price list
Probeauftrag	trial order
Rabatt	discount
Rabatt für Massenware	bulk discount
Rabatt gewähren	grant a discount
Ruf	reputation
Skonto	cash discount
Sortiment	range; range of goods
Standort	location
steigende Nachfrage	growing demand
stornieren	cancel
Stornierung	cancellation

umgehend	promptly; by return; at your earliest convenience
Unannehmlichkeit	inconvenience
unfrei	carriage forward
unten erwähnt	undermentioned
Verkaufsabteilung	Sales Department
Verkaufsleiter	Sales Manager
verlässlich	reliable
Versand	dispatch, shipment
Versandpapier, Frachtpapier	shipping document
versenden, verschicken	ship, send
versichern	assure
vorübergehend, vorläufig	temporarily
Warenlieferung, Sendung	shipment, consignment
Wir sind bereit,...	we are prepared to ...
Zahlungsbedingungen	terms of payment
zuverlässig	reliable
Zwischensumme	sub-total

Die wichtigsten Berufsbezeichnungen in einem Unternehmen
(Berufstitel wie z. B. Chief Executive Officer werden üblicherweise groß geschrieben, allgemeine Berufsbezeichnungen klein):

accounts clerk	BuchhalterIn
Advertising Manager	WerbeleiterIn
apprentice	Lehrling
bookkeeper	BuchhalterIn
buyer	EinkäuferIn
CEO (Chief Executive Officer)	GeneraldirektorIn
CFO (Chief Financial Officer)	FinanzdirektorIn, FinanzleiterIn
COO (Chief Operating Officer)	GeschäftsführerIn
Chairman of the Board	Vorstandsvorsitzende(r)
Chief Accountant	HauptbuchhalterIn
clerk	Büroangestelle(r)
corporate lawyer	Firmenanwalt/-anwältin
Customer Services Manager	KundendienstleiterIn
data entry operator	DatenverarbeiterIn
Dispatch Manager	LeiterIn der Versandabteilung
draftsperson	Technische(r) ZeichnerIn
engineer	IngenieurIn
Executive Engineer	ChefingenieurIn
Executive Secretary	ChefsekretärIn

Export Manager	ExportleiterIn
foreman/supervisor	VorarbeiterIn
Head of Customer Accounts	LeiterIn der Kundenabrechnungsabteilung
Head of Inbound Logistics	LeiterIn der Logistikabteilung
Head of IT Department	EDV LeiterIn
Head of Outbound Logistics	VertriebsleiterIn
Head of Purchasing Department	Einkaufsleiterin
Human Resources Director	PersonalchefIn
Managing Director	GeschäftsführerIn
Member of the Board	Vorstandsmitglied
payroll clerk	LohnverrechnerIn
Plant Manager	WerksleiterIn
Press Officer	PressesprecherIn
Production Manager	ProduktionsleiterIn
Public Relations Officer	LeiterIn der PR-Abteilung
Recruitment Officer	LeiterIn der Personalbeschaffung
Research&Development Director	ForschungsdirektorIn (LeiterIn der Abteilung „Forschung&Entwicklung")
sales assistant	VerkäuferIn
Sales Manager	VerkaufsleiterIn
sales representative	VertreterIn
secretary	Sekretärin
shop floor	Werkstatt, Produktion
Shop Steward	Betriebsrat
skilled worker	FacharbeiterIn
software developer	ProgrammiererIn
switchboard operator	TelefonistIn
Training Manager	SchulungsleiterIn
unskilled worker	HilfsarbeiterIn
warehouse supervisor	LagerverwalterIn